DEVENIR BILINGUE EN ESPAGNOL EN 3 ANS

1 NOUVELLE PHRASE À APPRENDRE CHAQUE JOUR ET À MAÎTRISER À LA PERFECTION

Niveau 1-26

Niveau 1

1 - 1

Ne pas se pencher.
No te apoyes.

1 - 2

Je vais en vélo.
Voy en bicicleta.

1 - 3

Il a de gros bras.
Tiene brazos grandes.

1 - 4

Comment est-ce que c'est cuit?
¿Cómo se cocina esto?

1 - 5

Son bébé est mignon.
Su bebé es lindo.

1 - 6

Vous pouvez y aller maintenant.
Ya puedes irte.

1 - 7

C'est trop large.
Es demasiado flojo.

Semaine 1

Niveau 1

2 - 1

Le sol est mouillé.
El suelo está mojado.

2 - 2

Qu'est-ce que ça veut dire?
¿Qué significa?

2 - 3

Vous êtes si gentil.
Eres muy amable.

2 - 4

Elle est myope.
Es miope.

2 - 5

Ne me bouscule pas.
No me apresures.

2 - 6

J'ai attrapé un rhume.
Me he resfriado.

2 - 7

Non, merci.
No, gracias.

Semaine 2

Niveau 1

3 - 1

Il est toujours célibataire.
Todavía está soltero.

3 - 2

Tu me manques.
Te echo de menos.

3 - 3

Soyez prudent.
Ten cuidado.

3 - 4

Joyeux Noël!
¡Feliz Navidad!

3 - 5

Réduisez le volume.
Reduce el volumen.

3 - 6

Je suis vraiment désolé.
Lo siento mucho.

3 - 7

Démarrez le moteur.
Arranca el motor.

Niveau 1

4 - 1

Je me lève à 5 h 15.
Me levanto a las 5.15.

4 - 2

Bonne chance.
Buena suerte.

4 - 3

Quel jour sommes-nous?
¿Qué día es hoy?

4 - 4

Fais sécher le plat à l'ombre.
Sécate en la sombra.

4 - 5

Ouvrez grand, s'il vous plaît.
Abre bien, por favor.

4 - 6

Enchanté de vous connaître.
Encantado de conocerte.

4 - 7

Elle est grande.
Es alta.

Semaine 4

Niveau 1

5 - 1

Comment je me débrouille?
¿Cómo me las arreglo?

5 - 2

Il parle clairement.
Habla con claridad.

5 - 3

Est-ce qu'il a plu là-bas?
¿Llovió allí?

5 - 4

Qui va t'aider?
¿Quién le ayudará?

5 - 5

Quelle belle robe.
Qué bonito vestido.

5 - 6

Où es-tu maintenant?
¿Dónde estás ahora?

5 - 7

Voici mon mari.
Este es mi marido.

Semaine 5

6 - 1

Bien sûr.
Por supuesto.

6 - 2

Puis-je avoir un mot?
¿Me permite una palabra?

6 - 3

J'aime les chiens.
Me gustan los perros.

6 - 4

Ne pleurez pas.
No llores.

6 - 5

J'ai été nommé?
¿Me han nombrado?

6 - 6

Qu'est-ce que tu as dit?
¿Qué has dicho?

6 - 7

C'est de ma faute.
La culpa es mía.

Niveau 2

7 - 1

Je n'ai pas d'argent.
No tengo dinero.

7 - 2

Mangez une pizza.
Toma una pizza.

7 - 3

Tous vont bien.
Todos están bien.

7 - 4

C'est si triste.
Es muy triste.

7 - 5

Parlez à un témoin.
Habla con un testigo.

7 - 6

Je souffre.
Tengo dolor.

7 - 7

Laisse-moi tranquille.
Déjeme en paz.

Semaine 7

Niveau 2

8 - 1

Lisez-les à haute voix.
Léanlos en voz alta.

8 - 2

Je déteste les tests.
Odio los exámenes.

8 - 3

Êtes-vous libre?
¿Estás libre ahora?

8 - 4

Es-tu fatigué?
¿Estás cansado?

8 - 5

Qu'est-ce que tu peux dire?
¿Qué puedes decir?

8 - 6

Faites un retrait.
Haz un retiro.

8 - 7

C'est bon.
Está bien.

Niveau 2

9 - 1

Ne vous inquiétez pas.
No se preocupe.

9 - 2

J'ai mal à la tête.
Me duele la cabeza.

9 - 3

Il y a du vent.
Hace viento.

9 - 4

Je me suis cassé le bras.
Me rompí el brazo.

9 - 5

Va tout droit.
Sigue recto.

9 - 6

Attendez un peu.
Espera un tiempo.

9 - 7

Il a rejoint notre équipe.
Se unió a nuestro equipo.

Niveau 2

10 - 1

Vous pouvez m'entendre?
¿Puedes oírme?

10 - 2

C'est mon collègue.
Es mi colega.

10 - 3

Ça a l'air délicieux.
Se ve delicioso.

10 - 4

C'est bon pour moi?
¿Es bueno para mí?

10 - 5

La place est-elle libre?
¿Está el asiento libre?

10 - 6

Bien sûr.
Claro que sí.

10 - 7

A mon avis.
En mi opinión.

Semaine 10

Niveau 2

11 - 1

Non, je suis sérieux.
No, hablo en serio.

11 - 2

Appelez l'infirmière.
Llama a la enfermera.

11 - 3

Le temps est chaud.
El tiempo es caluroso.

11 - 4

Sèche à l'ombre.
Sécate a la sombra.

11 - 5

J'ai peur.
Tengo miedo.

11 - 6

Laisse-moi t'aider.
Deja que te ayude.

11 - 7

L'a-t-il récompensé?
¿Lo premió?

Semaine 11

Niveau 2

12 - 1

Joyeuses fêtes!
¡Felices fiestas!

12 - 2

L'eau de mer est salée.
El agua del mar es salada.

12 - 3

C'était excellent.
Eso fue excelente.

12 - 4

Centre de premiers soins.
Centro de primeros auxilios.

12 - 5

C'est sûrement un héros.
Seguramente es un héroe.

12 - 6

Suivez cette route.
Sigue este camino.

12 - 7

Montre-moi nos ventes.
Muéstrame nuestras ventas.

Semaine 12

13 - 1

La sécurité avant tout.
La seguridad es lo primero.

13 - 2

Comment je fais?
¿Cómo lo hago?

13 - 3

Je suis un étudiant.
Soy estudiante.

13 - 4

Où habites-tu?
¿Dónde vive?

13 - 5

A la vôtre!
¡Salud!

13 - 6

Respirez profondément.
Respira profundamente.

13 - 7

Il connaît mon numéro.
Conoce mi número.

14 - 1

Au revoir pour le moment.
Adiós por ahora.

14 - 2

J'ai mal aux dents.
Tengo dolor de muelas.

14 - 3

C'est un perdant.
Es un perdedor.

14 - 4

Elle a bien réagi.
Ella reaccionó bien.

14 - 5

Vous êtes superbe.
Te ves muy bien.

14 - 6

Voici votre clé.
Aquí está su llave.

14 - 7

S'il vous plaît, montrez-moi.
Por favor, muéstrame.

15 - 1

Il se sentait malheureux.
Se sentía miserable.

15 - 2

Une feuille de laitue.
Una hoja de lechuga.

15 - 3

C'est trop court.
Es demasiado corto.

15 - 4

Pas de nourriture ni de boissons.
No hay comida ni bebida.

15 - 5

C'est mon mari.
Es mi marido.

15 - 6

Je ne peux pas bouger.
No puedo moverme.

15 - 7

Comment va ta mère?
¿Cómo está tu madre?

16 - 1

S'il vous plaît payer en espèces.
Por favor, pague en efectivo.

16 - 2

J'ai un mauvais rhume.
Estoy muy resfriado.

16 - 3

Tu me rejoins?
¿Se reunirá conmigo?

16 - 4

J'aime les tomates.
Me encantan los tomates.

16 - 5

Où est la sortie?
¿Dónde está la salida?

16 - 6

Où est-il arrivé?
¿Dónde ha venido?

16 - 7

Ferme la porte à clé.
Cierra la puerta.

17 - 1

J'ai un frère.
Tengo un hermano.

17 - 2

Ne pas crier.
No grites.

17 - 3

J'étudie la philosophie.
Estudio filosofía.

17 - 4

Tu es avec moi?
¿Estás conmigo?

17 - 5

La ligne est occupée.
La línea está ocupada.

17 - 6

Ma voiture est cassée.
Mi coche está roto.

17 - 7

Il pleut à verse.
Está lloviendo a cántaros.

18 - 1

Elle a de grosses jambes.
Tiene las piernas gordas.

18 - 2

C'est un homme chanceux.
Es un hombre afortunado.

18 - 3

Comment va tout le monde?
¿Cómo está todo el mundo?

18 - 4

Le bateau a coulé.
El barco se hundió.

18 - 5

J'ai inhalé de la poussière.
He inhalado polvo.

18 - 6

Qu'est-ce que tu as acheté?
¿Qué has comprado?

18 - 7

N'aie pas peur.
No tengas miedo.

Niveau 4

19 - 1

Faites attention.
Tengan cuidado.

19 - 2

Je me sens mieux.
Me siento mejor.

19 - 3

Dormez suffisamment.
Duerme lo suficiente.

19 - 4

Pourquoi devrais-je m'en soucier?
¿Por qué debería importarme?

19 - 5

Il était pauvre avant.
Solía ser pobre.

19 - 6

Pas de problème.
No es gran cosa.

19 - 7

Il est en congé.
Está de permiso.

Niveau 4

20 - 1

Quand est-il arrivé?
¿Cuándo ha llegado?

20 - 2

Je vais y aller.
Iré allí.

20 - 3

Allons-y en bus.
Vayamos en autobús.

20 - 4

On se voit à 20 heures.
Nos vemos a las 8 P.M.

20 - 5

Bonjour.
Buenos días.

20 - 6

On commence?
¿Empezamos?

20 - 7

C'était mon erreur.
Fue mi error.

Semaine 20

Niveau 4

21 - 1

Oui, monsieur!
¡Sí, señor!

21 - 2

Veuillez vous asseoir.
Por favor, siéntese.

21 - 3

Partageons les tâches.
Compartamos los deberes.

21 - 4

Est-ce que le chien aboie?
¿Ladra el perro?

21 - 5

C'est très beau!
¡Se ve muy bien!

21 - 6

Emmenez-les avec vous.
Llévalos contigo.

21 - 7

Comment ça?
¿Cómo es?

Semaine 21

Niveau 4

22 - 1

Pouvez-vous répéter?
¿Podría repetir?

22 - 2

On a sonné à la porte.
Ha sonado el timbre de la puerta.

22 - 3

J'aime l'été.
Me encanta el verano.

22 - 4

J'ai soif.
Tengo sed.

22 - 5

Je ne suis pas du tout d'accord.
Estoy totalmente en desacuerdo.

22 - 6

On s'en fout.
A quién le importa.

22 - 7

Ce n'est pas ma faute.
No es mi culpa.

23 - 1

Elle m'a souri.
Me sonrió.

23 - 2

Il est courageux.
Es valiente.

23 - 3

Il frissonnait.
Estaba temblando.

23 - 4

Je ne me sens pas bien.
No me siento bien.

23 - 5

Il est devenu médecin.
Se hizo médico.

23 - 6

Merci d'avoir appelé.
Gracias por llamar.

23 - 7

Ne pas laver.
No laves.

24 - 1

Est-ce qu'il se comporte bien?
¿Se comporta bien?

24 - 2

Est-ce que quelqu'un m'entend?
¿Alguien puede oírme?

24 - 3

C'est absurde!
¡Esto es absurdo!

24 - 4

J'aime le vin.
Me gusta el vino.

24 - 5

Ne bouge pas!
¡No te muevas!

24 - 6

Est-ce que le garçon se lève?
¿Se levanta el niño?

24 - 7

C'est trop cher.
Es demasiado caro.

Niveau 5

25 - 1

À vos souhaits!
¡Bendito sea!

25 - 2

Elle est une mauvaise femme.
Es una mala mujer.

25 - 3

Je n'ai pas de monnaie.
No tengo cambio.

25 - 4

J'aime cette émission.
Me gusta este espectáculo.

25 - 5

Sortez d'ici!
¡Salgan de aquí!

25 - 6

Levez vos mains.
Levanten las manos.

25 - 7

Qu'est-ce que tu vois?
¿Cuál es su punto de vista?

Semaine 25

26 - 1

C'est pas grave.
No importa.

26 - 2

Il est monté sur scène.
Se paró en el escenario.

26 - 3

Je l'ai réparé.
Lo he arreglado.

26 - 4

John est là?
¿Está John?

26 - 5

C'est un acteur.
Es un actor.

26 - 6

Tout le plaisir est pour moi.
Es un placer.

26 - 7

Au revoir.
Adiós.

Niveau 5

27 - 1

Ne dis pas de mensonges.
No digas mentiras.

27 - 2

C'est votre sac?
¿Es este su bolso?

27 - 3

Je viens de Paris.
Soy de París.

27 - 4

Je n'arrive pas à sortir.
No puedo salir.

27 - 5

N'oubliez pas la date.
Recuerda la fecha.

27 - 6

Comment va-t-il?
¿Cómo está?

27 - 7

Il est plus vieux que moi.
Es mayor que yo.

Semaine 27

28 - 1

Je m'appelle John.
Me llamo John.

28 - 2

Je me sens heureux.
Me siento feliz.

28 - 3

C'est vrai?
¿Es cierto?

28 - 4

J'ai peur des chiens.
Me dan miedo los perros.

28 - 5

Joyeux Anniversaire!
¡Feliz cumpleaños!

28 - 6

Pardonnez-moi.
Por favor, perdóname.

28 - 7

Allumez les phares.
Enciende los faros.

29 - 1

C'est pas vrai.
No es cierto.

29 - 2

Je vais y aller tout de suite.
Voy a ir de inmediato.

29 - 3

S'il vous plaît, mangez.
Por favor, coman.

29 - 4

Je m'en fiche.
No me importa.

29 - 5

Quel est ton sac?
¿Cuál es su bolsa?

29 - 6

L'eau est douce.
El agua es blanda.

29 - 7

Je n'ai pas besoin d'un sac.
No necesito una bolsa.

Semaine 29

Niveau 5

30 - 1

Vous allez bien?
¿Estás bien?

30 - 2

Une pincée de poivre.
Una pizca de pimienta.

30 - 3

J'ai terminé.
He terminado.

30 - 4

Pourquoi est-il venu?
¿Por qué ha venido?

30 - 5

Je vais dans un gymnase.
Voy al gimnasio.

30 - 6

Qu'est-ce qu'il a dit?
¿Qué ha dicho?

30 - 7

Incroyable.
Increíble.

Semaine 30

31 - 1

N'y allez pas.
No vayas allí.

31 - 2

J'aime être seul.
Me gusta estar solo.

31 - 3

Veux-tu m'épouser?
¿Te casarás conmigo?

31 - 4

Venez ici, s'il vous plaît.
Por favor, venga aquí.

31 - 5

Un kilo de poisson.
Un kilo de pescado.

31 - 6

Calmez-vous, s'il vous plaît.
Por favor, cálmese.

31 - 7

Je t'aime.
Te quiero.

Niveau 6

32 - 1

Je suis John.
Soy John.

32 - 2

Des questions?
¿Alguna pregunta?

32 - 3

C'est une bonne affaire.
Es una buena oferta.

32 - 4

Beaucoup de retours heureux.
Muchas felicidades.

32 - 5

La glace est un solide.
El hielo es un sólido.

32 - 6

Ne te mets pas en colère.
No te enfades.

32 - 7

Mets ta chemise.
Ponte la camisa.

Semaine 32

Niveau 6

33 - 1

Elle parle beaucoup.
Habla mucho.

33 - 2

Tiens ta parole.
Mantenga su palabra.

33 - 3

Est-ce que ce spectacle est bon?
¿Es bueno este espectáculo?

33 - 4

Très bien!
¡Muy bien!

33 - 5

Il aime les barbecues.
Le encantan las barbacoas.

33 - 6

C'est grave?
¿Es grave?

33 - 7

Vous êtes belle.
Eres hermosa.

Semaine 33

34 - 1

Quelle est ta taille?
¿Qué tan alto eres?

34 - 2

J'ai vraiment froid.
Tengo mucho frío.

34 - 3

A demain.
Hasta mañana.

34 - 4

J'ai 27 ans.
Tengo 27 años.

34 - 5

Traverse la rue.
Cruza la calle.

34 - 6

J'ai des livres.
Tengo algunos libros.

34 - 7

Il est chauffeur de taxi.
Es taxista.

35 - 1

Fais le travail à la maison.
Haga el trabajo de casa.

35 - 2

Est-ce qu'il se plaint?
¿Se queja?

35 - 3

Oui. Certainement.
Sí. Por supuesto.

35 - 4

J'ai un grand rêve.
Tengo un gran sueño.

35 - 5

La maison est grande.
La casa es grande.

35 - 6

Ma soupe est froide.
Mi sopa está fría.

35 - 7

Il fait si froid.
Ha hecho mucho frío.

36 - 1

Est-ce que je t'ai demandé?

¿Te he preguntado?

36 - 2

Combien de personnes?

¿Cuántas personas?

36 - 3

Fais ce que tu veux.

Haga lo que le gusta.

36 - 4

Bon appétit!

¡Disfruta de tu comida!

36 - 5

Je l'ai rencontrée en ville.

La conocí en el centro.

36 - 6

Est-ce qu'il respire?

¿Respira?

36 - 7

Un message, s'il vous plaît?

¿Algún mensaje, por favor?

37 - 1

Des idées?

¿Alguna idea?

37 - 2

Est-ce que l'histoire est vraie?

¿Es cierta la historia?

37 - 3

Tourne à droite.

Gira a la derecha.

37 - 4

Sa voiture est neuve.

Su coche es nuevo.

37 - 5

Je ne peux pas me le permettre.

No me lo puedo permitir.

37 - 6

Où est-ce que tu travailles?

¿Dónde trabaja?

37 - 7

Qu'est-ce que tu veux dire?

¿Qué quieres decir?

Niveau 7

38 - 1

Ne pas traverser.
No cruce.

38 - 2

Il est dentiste.
Es un dentista.

38 - 3

Fermez les yeux.
Cierra los ojos.

38 - 4

Quelqu'un est venu?
¿Vino alguien?

38 - 5

Zone fumeur.
Zona de fumadores.

38 - 6

Elle a 27 ans.
Tiene 27 años.

38 - 7

Demandez à quelqu'un.
Por favor, pida a alguien.

Niveau 7

39 - 1

Est-ce que le chien mord?
¿Muerde el perro?

39 - 2

L'équipe était faible.
El equipo estaba débil.

39 - 3

J'ai très faim.
Tengo mucha hambre.

39 - 4

Je suis plutôt timide.
Soy bastante tímido.

39 - 5

Il a quitté le groupe.
Dejó el grupo.

39 - 6

N'utilisez que de l'encre noire.
Utilice sólo tinta negra.

39 - 7

Je vis seul.
Vivo por mi cuenta.

40 - 1

Il est inconscient.
Está inconsciente.

40 - 2

S'il vous plaît aller devant.
Por favor, pase por delante.

40 - 3

Je vais payer pour ça.
Pagaré por eso.

40 - 4

Je déteste le repassage.
Detesto planchar.

40 - 5

L'enfant s'est réveillé.
El niño se ha despertado.

40 - 6

Le temps passe vite.
El tiempo vuela.

40 - 7

S'il vous plaît, entrez.
Por favor, pasen.

Niveau 7

41 - 1

Quelle heure est-il?
¿Qué hora es?

41 - 2

Ce sac est lourd.
Esta bolsa es pesada.

41 - 3

Je suis un ingénieur.
Soy ingeniero.

41 - 4

Va t'habiller.
Ve y vístete.

41 - 5

Je suis vraiment désolé.
Lo siento mucho.

41 - 6

Absolument pas.
Ni hablar.

41 - 7

Pas d'arrêt.
No hay que parar.

Semaine 41

Niveau 7

42 - 1

Il est court.
Es corto.

42 - 2

Entrez.
Entra.

42 - 3

Gardez votre sang-froid.
Mantén la calma.

42 - 4

Je suis végétarienne.
Soy vegetariano.

42 - 5

Sautez sur l'occasion.
Aprovecha la oportunidad.

42 - 6

Parfait!
¡Perfecto!

42 - 7

J'ai trouvé un nouvel emploi.
He encontrado un nuevo trabajo.

Semaine 42

43 - 1

Il a lancé la balle.
Lanzó la pelota.

43 - 2

S'il vous plaît, incluez-moi.
Por favor, inclúyanme.

43 - 3

Ça a bon goût!
Sabe bien.

43 - 4

Il était nerveux.
Estaba nervioso.

43 - 5

Oubliez le passé.
Olvida el pasado.

43 - 6

Pouvez-vous me pardonner?
¿Puedes perdonarme?

43 - 7

Super, merci.
Genial, gracias.

44 - 1

Je vous parle plus tard.
Hablamos más tarde.

44 - 2

Merci beaucoup.
Muchas gracias.

44 - 3

Allons nous coucher.
Vamos a la cama.

44 - 4

J'aime ma famille.
Quiero a mi familia.

44 - 5

Qui est-ce?
¿Quién es él?

44 - 6

Quel âge avez-vous?
¿Cuántos años tiene?

44 - 7

Bienvenue au Japon.
Bienvenido a Japón.

Niveau 8

45 - 1

Pouvez-vous m'aider?
¿Puedes ayudarme?

45 - 2

Tu ne peux pas.
No se puede.

45 - 3

Est-ce que c'est réduit?
¿Está rebajado?

45 - 4

Il m'a regardé.
Me miró.

45 - 5

Cette danse est facile.
Este baile es fácil.

45 - 6

Ce n'est pas bien.
Eso no está bien.

45 - 7

Tournez-vous.
Date la vuelta.

Semaine 45

46 - 1

Ses mots m'ont blessé.
Sus palabras me hieren.

46 - 2

Il est déjà 8h30.
Ya son las 8:30.

46 - 3

Comment allez-vous?
¿Cómo le va?

46 - 4

Qui est cet homme?
¿Quién es este hombre?

46 - 5

Par ici, s'il vous plaît.
Por aquí, por favor.

46 - 6

J'ai acheté un livre.
He comprado un libro.

46 - 7

J'aime les vieilles voitures.
Me gustan los coches antiguos.

Niveau 8

47 - 1

Comment va la vie?
¿Cómo es la vida?

47 - 2

Je me sens coupable.
Me siento culpable.

47 - 3

Il est sorti.
Ha salido.

47 - 4

Mets tes bottes!
¡Ponte las botas!

47 - 5

Il a faim.
Tiene hambre.

47 - 6

Ne m'embrouille pas.
No me confundas.

47 - 7

Un paquet de vitamines.
Un paquete de vitaminas.

Semaine 47

48 - 1

Non, pas du tout.
No, en absoluto.

48 - 2

Comment va ton père?
¿Cómo está tu padre?

48 - 3

Et voilà.
Aquí tienes.

48 - 4

J'ai entendu un coup de feu.
He oído un disparo.

48 - 5

Je reviendrai.
Volveré.

48 - 6

Ne le frappez pas.
No lo golpee.

48 - 7

Le bus s'en va.
El autobús se va.

49 - 1

Non, tu ne peux pas.
No, no puedes.

49 - 2

Prenez un verre.
Tomar una copa.

49 - 3

Il a ri bruyamment.
Se ha reído mucho.

49 - 4

C'est bien.
Está bien.

49 - 5

Ce gâteau est délicieux.
Este pastel está delicioso.

49 - 6

Qu'est-ce que tu en penses?
¿Qué te parece?

49 - 7

Ça fait un moment.
Ha pasado un tiempo.

Niveau 9

50 - 1

Pouvez-vous m'entendre?
¿Pueden oírme bien?

50 - 2

C'est nuageux aujourd'hui.
Hoy está nublado.

50 - 3

Quel est ton nom?
¿Cuál es tu nombre?

50 - 4

Bonjour à tous.
Hola a todos.

50 - 5

Relevez le défi.
Desafíate a ti mismo.

50 - 6

Vous n'êtes pas bien?
¿No está bien?

50 - 7

Ce livre est-il bon?
¿Es bueno este libro?

Semaine 50

Niveau 9

51 - 1

J'aime les oranges.
Me gustan las naranjas.

51 - 2

Bienvenue à la maison.
Bienvenido a casa.

51 - 3

Il fait une chaleur étouffante.
Hace un calor sofocante.

51 - 4

Il est très intelligent.
Es muy inteligente.

51 - 5

Super.
Genial.

51 - 6

Une mouche bourdonne.
Una mosca está zumbando.

51 - 7

Par tous les moyens.
Por supuesto.

Semaine 51

52 - 1

Appelez une ambulance.
Llama a una ambulancia.

52 - 2

Désolé. Vous ne pouvez pas.
Lo siento. No puedes.

52 - 3

Elle saigne.
Está sangrando.

52 - 4

Mon bagage est perdu.
Mi equipaje se ha perdido.

52 - 5

Elle aime les hommes grands.
Le gustan los hombres altos.

52 - 6

Attention aux marches.
Cuidado con los escalones.

52 - 7

Je ne me sens pas bien.
No me siento bien.

53 - 1

C'est ma mère.
Ella es mi madre.

53 - 2

Je me sens malade aujourd'hui.
Hoy me siento mal.

53 - 3

Elle a été opérée.
La han operado.

53 - 4

Insérez votre carte ici.
Inserte la tarjeta aquí.

53 - 5

Merci, je vais le faire.
Gracias, lo haré.

53 - 6

Il possède trois voitures.
Tiene tres coches.

53 - 7

Comment allez-vous?
¿Cómo está?

54 - 1

C'est mon père.
Es mi padre.

54 - 2

Bonne année!
¡Feliz Año Nuevo!

54 - 3

Je m'appelle John.
Me llamo John.

54 - 4

Appelez la police.
Llama a la policía.

54 - 5

Ils se sont serrés la main.
Se dieron la mano.

54 - 6

Tous les meilleurs.
Todo lo mejor.

54 - 7

Je suis tout à fait d'accord.
Estoy completamente de acuerdo.

Niveau 10

55 - 1

Je vais bien et vous?
Yo estoy bien y tú.

55 - 2

Je déteste le dentiste.
Odio al dentista.

55 - 3

Je n'ai pas le choix.
No tengo otra opción.

55 - 4

Est-ce que tu m'évites?
¿Me evita?

55 - 5

Reste là.
Quédate ahí.

55 - 6

Prenez des notes.
Por favor, toma nota.

55 - 7

Le porc est délicieux.
La carne de cerdo es deliciosa.

Semaine 55

Niveau 10

56 - 1

J'ai mangé copieusement.
He comido con ganas.

56 - 2

J'aime les escales.
Me encantan las escalas.

56 - 3

Je le pense aussi.
Yo también lo creo.

56 - 4

Mon porte-monnaie est vide.
Mi cartera está vacía.

56 - 5

Elle a les yeux bleus.
Tiene los ojos azules.

56 - 6

La pluie a cessé.
La lluvia ha parado.

56 - 7

Ne pas repasser.
No planches.

Semaine 56

Niveau 10

57 - 1

Il a de grands idéaux.
Tiene grandes ideales.

57 - 2

Je fais du thé?
¿Preparo el té?

57 - 3

Il est incapable.
Es incapaz.

57 - 4

Il n'a pas le temps.
No tiene tiempo.

57 - 5

Êtes-vous prêt?
¿Están listos?

57 - 6

Je vais vous rejoindre.
Me uniré a ti.

57 - 7

Je peux entrer?
¿Puedo entrar?

Semaine 57

Niveau 10

58 - 1

Elle est très honnête.
Es muy honesta.

58 - 2

Éteignez la télé.
Apaga la T.V.

58 - 3

Il a beaucoup changé.
Ha cambiado mucho.

58 - 4

Je lui ai pardonné.
Le perdono.

58 - 5

Vous êtes si gentil.
Eres tan dulce.

58 - 6

J'aime les animaux.
Me gustan los animales.

58 - 7

Parlons calmement.
Hablemos con calma.

Niveau 10

59 - 1

Bien sûr. Merci.
Claro. Gracias.

59 - 2

C'est un raccourci.
Esto es un atajo.

59 - 3

Bonne chance.
La mejor de las suertes.

59 - 4

Je déteste le repassage.
Odio planchar.

59 - 5

Ça fait longtemps qu'on ne s'est pas vus.
Mucho tiempo sin vernos.

59 - 6

Pas de dépassement.
No hay que pasar.

59 - 7

Tu es à l'heure?
¿Llegas a tiempo?

Niveau 10

60 - 1

S'il vous plaît, taisez-vous.
Por favor, manténgase en silencio.

60 - 2

Décris-toi.
Descríbase.

60 - 3

Mon père a bâillé.
Mi padre bostezó.

60 - 4

Et vous?
¿Y usted?

60 - 5

L'eau est dure.
El agua está dura.

60 - 6

J'aime beaucoup les chiens.
Me gustan mucho los perros.

60 - 7

A-t-il essayé?
¿Lo ha intentado?

61 - 1

Je peux vous aider.
Puedo ayudarte.

61 - 2

Il ne fume pas.
No fuma.

61 - 3

Gardez à l'esprit.
Tenlo en cuenta.

61 - 4

Le soleil est éblouissant.
El sol brilla.

61 - 5

Il est venu en bus.
Vino en autobús.

61 - 6

Ne pas boire.
No beba.

61 - 7

Comment vous débrouillez-vous?
¿Cómo te las arreglas?

Niveau 11

62 - 1

Vous êtes sûr?
¿Estás seguro?

62 - 2

Ses jambes sont courtes.
Sus piernas son cortas.

62 - 3

Une feuille de pâte.
Una hoja de pastelería.

62 - 4

Ma soeur est gentille.
Mi hermana es amable.

62 - 5

Il est minuit.
Es medianoche.

62 - 6

C'est en solde?
¿Esto está en venta?

62 - 7

J'ai le vertige.
Me siento mareado.

Semaine 62

Niveau 11

63 - 1

Je suis terrifiée.
Estoy aterrorizada.

63 - 2

Reste concentré.
Concéntrate.

63 - 3

Il est très populaire.
Es muy popular.

63 - 4

Il est midi et demi.
Son las doce y media.

63 - 5

J'aime ça.
Me gusta esto.

63 - 6

Dites "fromage"!
¡Decir queso!

63 - 7

Merci beaucoup.
Muchas gracias.

Semaine 63

Niveau 11

64 - 1

C'est assez savoureux.
Es bastante sabroso.

64 - 2

Il est cinq heures moins cinq.
Son las cinco menos cinco.

64 - 3

La piscine est pleine.
La piscina está llena.

64 - 4

Joyeux Anniversaire!
¡Feliz aniversario!

64 - 5

Je travaille à la maison.
Trabajo desde casa.

64 - 6

Une part de pizza.
Un trozo de pizza.

64 - 7

Ne me dérange pas.
No me moleste.

Semaine 64

Niveau 11

65 - 1

Je peux le faire.
Puedo hacerlo.

65 - 2

Ne pas mouiller le linge.
No moje la limpieza.

65 - 3

J'ai délacé mes chaussures.
Me desaté los zapatos.

65 - 4

Bon séjour!
¡Disfruta de tu estancia!

65 - 5

Je suis heureux aujourd'hui.
Hoy estoy contenta.

65 - 6

Quel dommage.
Qué pena.

65 - 7

C'est bien.
Eso está bien.

Niveau 11

66 - 1

Regarde en haut.
Mira hacia arriba.

66 - 2

Va-t'en!
¡Vete!

66 - 3

Il m'en doit une.
Me debe una.

66 - 4

Nous nous sommes rencontrés hier.
Nos conocimos ayer.

66 - 5

Je suis à la maison.
Estoy en casa.

66 - 6

Veuillez vous asseoir ici.
Por favor, siéntese aquí.

66 - 7

Non, merci.
No, gracias.

Niveau 12

67 - 1

Ils ont des fusils.
Tienen armas.

67 - 2

Comment ça va?
¿Cómo va todo?

67 - 3

Il est venu?
¿Vino?

67 - 4

Je ne comprends pas.
No lo entiendo.

67 - 5

C'est interdit.
Está prohibido.

67 - 6

C'est mon fiancé.
Este es mi prometido.

67 - 7

Est-ce qu'elle me regarde?
¿Me contempla?

Semaine 67

68 - 1

Alors, toi.
Entonces, tú.

68 - 2

J'ai mal à la mâchoire.
Me duele la mandíbula.

68 - 3

Je peux emprunter un stylo?
¿Me puedes prestar un bolígrafo?

68 - 4

C'est un secret.
Esto es un secreto.

68 - 5

Je travaille comme médecin.
Trabajo como médico.

68 - 6

Je travaille dans une banque.
Trabajo en un banco.

68 - 7

Tout le monde va bien.
Todo el mundo está bien.

Niveau 12

69 - 1

Elle a versé des larmes.
Ella derrama lágrimas.

69 - 2

Rappelle-le-moi.
Recuérdame.

69 - 3

Demandez-lui de m'appeler.
Pídele que me llame.

69 - 4

Un pichet de bière.
Una jarra de cerveza.

69 - 5

La rumeur est-elle vraie?
¿Es cierto el rumor?

69 - 6

Je dois y aller maintenant.
Tengo que ir ahora.

69 - 7

Bon voyage!
¡Salud en el viaje!

Semaine 69

70 - 1

Oui, j'en suis certain.
Sí, estoy seguro.

70 - 2

C'est ta faute.
Es tu culpa.

70 - 3

Je suis à la retraite.
Estoy jubilado.

70 - 4

J'ai mal.
Me duele.

70 - 5

Ça m'a fait plaisir.
Fue un placer.

70 - 6

J'en suis sûr.
Estoy seguro de ello.

70 - 7

Je vais les prendre tous.
Me los llevaré todos.

71 - 1

Félicitations!
¡Felicidades!

71 - 2

D'abord, toi.
Primero, tú.

71 - 3

Des déchets dangereux.
Residuos peligrosos.

71 - 4

J'aime les chiens.
Me gustan los perros.

71 - 5

Comment allez-vous?
¿Cómo estás?

71 - 6

Je n'ai pas le temps.
No tengo tiempo.

71 - 7

Suivant, s'il vous plaît.
El siguiente, por favor.

Niveau 12

72 - 1

Je ramasse très vite.
Recojo muy rápido.

72 - 2

Tu vas bien?
¿Estás bien?

72 - 3

Occupez-vous de vos affaires.
Ocúpate de tus asuntos.

72 - 4

Et de l'eau?
¿Qué tal el agua?

72 - 5

C'est très froid.
Está muy frío.

72 - 6

Faites une promenade.
Da un paseo.

72 - 7

Fais-moi une faveur.
Hazme un favor.

Semaine 72

73 - 1

Ne me menace pas.
No me amenaces.

73 - 2

Elle le méprisait.
Ella lo despreció.

73 - 3

Calmez-vous.
Cálmate.

73 - 4

C'est un professeur?
¿Es un maestro?

73 - 5

Pourquoi es-tu en retard?
¿Por qué llega tarde?

73 - 6

J'appartiens à Oxford.
Soy de Oxford.

73 - 7

Il est tard?
¿Qué tan tarde es?

Niveau 13

74 - 1

A plus tard.
Hasta luego.

74 - 2

Je ne mâche pas mes mots.
Soy franca.

74 - 3

Salut. Je suis Cindy.
Hola. Soy Cindy.

74 - 4

J'ai raté le bus.
He perdido el autobús.

74 - 5

Est-ce que l'histoire est vraie?
¿Es real la historia?

74 - 6

Qu'est-ce qui se passe?
¿Qué es esto?

74 - 7

Vous êtes le bienvenu.
Eres bienvenido.

Semaine 74

Niveau 13

75 - 1

Faites un peu de yoga.
Haz algo de yoga.

75 - 2

Ça va. Merci.
Estoy bien. Gracias.

75 - 3

Je ne sais pas encore.
Todavía no lo sé.

75 - 4

Est-ce qu'il pleut?
¿Está lloviendo?

75 - 5

Je suis déçu.
Qué decepción.

75 - 6

Arrêtez la voiture.
Para el coche.

75 - 7

Va te perdre.
Piérdete.

Semaine 75

76 - 1

C'est très peu probable.
Es muy poco probable.

76 - 2

Qui vous a appelé?
¿Quién te ha llamado?

76 - 3

Prenez cette route.
Toma este camino.

76 - 4

J'ai une voiture.
Tengo un coche.

76 - 5

Merci pour le tuyau.
Gracias por el consejo.

76 - 6

Il pleut à verse.
Está lloviendo a cántaros.

76 - 7

Ce n'est pas moi.
No fui yo.

Niveau 13

77 - 1

Il a eu une indigestion.
Tuvo una indigestión.

77 - 2

J'apprends le judo.
Estoy aprendiendo judo.

77 - 3

J'ai vu la bande-annonce.
Vi el tráiler.

77 - 4

Ouvrez vos livres.
Abre tus libros.

77 - 5

Il a de longues jambes.
Tiene las piernas largas.

77 - 6

Elle est gourmande.
Es codiciosa.

77 - 7

Motivez-vous.
Motívate.

78 - 1

Pourquoi t'inquiètes-tu?
¿Por qué se preocupa?

78 - 2

Je serai en ligne.
Estaré en línea.

78 - 3

Bon travail.
Buen trabajo.

78 - 4

Je suis une femme au foyer.
Soy ama de casa.

78 - 5

J'ai fait de mon mieux.
Hice lo que pude.

78 - 6

Ceci est pour vous.
Esto es para usted.

78 - 7

Je ne m'inquiète pas.
No me importa.

79 - 1

C'est une bonne idée.
Es una buena idea.

79 - 2

Il n'y avait plus de lait.
La leche se agotó.

79 - 3

Je peux en avoir une?
¿Puedo tener una?

79 - 4

Bonne chance à vous.
Buena suerte.

79 - 5

Je suis au régime.
Estoy a dieta.

79 - 6

Il est riche.
Es rico.

79 - 7

En pleine forme.
En forma como un violín.

80 - 1

Je t'en prie.
Por favor.

80 - 2

La lune est croissante.
La luna está creciendo.

80 - 3

C'est trop long.
Es demasiado tiempo.

80 - 4

C'est le jour de la paie!
¡Es el día de la paga!

80 - 5

J'ai besoin d'un médecin.
Necesito un médico.

80 - 6

J'ai teint mes cheveux en rouge.
Me he teñido el pelo de rojo.

80 - 7

Il est dix heures.
Son las diez.

Niveau 14

81 - 1

Voici votre pourboire.
Aquí está su propina.

81 - 2

Il est venu ici tout seul.
Vino aquí solo.

81 - 3

Garde la monnaie.
Quédate con el cambio.

81 - 4

C'est très proche.
Está muy cerca.

81 - 5

Ça fait trop longtemps.
Ha pasado demasiado tiempo.

81 - 6

Je vais en train.
Voy en tren.

81 - 7

J'aime mon père.
Amo a mi padre.

Niveau 14

82 - 1

Bien sûr, allez-y.
Claro, adelante.

82 - 2

S'il vous plaît, appelez un taxi.
Por favor, llame a un taxi.

82 - 3

Il se débrouille bien.
Lo está haciendo bien.

82 - 4

Tous mes vœux, au revoir.
Todo lo mejor, adiós.

82 - 5

Je suis désolé, je ne peux pas.
Lo siento, no puedo.

82 - 6

Lève-toi.
Levántate.

82 - 7

Ouvert pour les résidents.
Abierto para los residentes.

Semaine 82

83 - 1

Je suis d'accord.
Estoy de acuerdo.

83 - 2

Je suis en colère.
Estoy enfadado por ello.

83 - 3

Cette place est-elle prise?
¿Está ocupado este asiento?

83 - 4

Profitez-en!
¡Disfruta!

83 - 5

Lisez-le à haute voix.
Léalo en voz alta.

83 - 6

Une pincée de sel.
Una pizca de sal.

83 - 7

Je me lève à 6 h 30.
Yo me levanto a las 6.30.

Niveau 14

84 - 1

Vous êtes John?
¿Eres John?

84 - 2

Au revoir. Prenez soin de vous.
Adiós. Cuídate.

84 - 3

Je suis sorti pour déjeuner.
He salido a comer.

84 - 4

As-tu un stylo?
¿Tienes un bolígrafo?

84 - 5

Je suis de Roma.
Soy de Roma.

84 - 6

Je me sens très fatigué.
Me siento muy cansado.

84 - 7

Je vais prendre un bain.
Me bañaré.

85 - 1

Comment se passe votre journée?
¿Cómo va tu día?

85 - 2

Le ragoût a brûlé.
El guiso se quemó.

85 - 3

On ne fume pas.
No fumar.

85 - 4

Je fais du jogging tous les jours.
Hago footing todos los días.

85 - 5

Excusez-moi.
Disculpen.

85 - 6

La terre est ronde.
La tierra es redonda.

85 - 7

Pas d'entrée pour les bus.
No hay entrada para los autobuses.

Niveau 15

86 - 1

Je ne l'aime pas.
No me gusta.

86 - 2

C'est utile?
¿Es útil?

86 - 3

Faites-le sortir.
Que salga.

86 - 4

Elle parle vite.
Ella habla rápido.

86 - 5

Demandons à maman.
Preguntemos a mamá.

86 - 6

Tourne à gauche.
Gire a la izquierda.

86 - 7

Je ne crois pas.
No lo creo.

Niveau 15

87 - 1

Allons-y doucement.
Vayamos despacio.

87 - 2

Je ne vais pas l'acheter.
No lo compraré.

87 - 3

Elle a de grandes jambes.
Tiene las piernas grandes.

87 - 4

J'aime mon travail.
Me encanta mi trabajo.

87 - 5

Pourquoi est-il ennuyeux?
¿Por qué es aburrido?

87 - 6

J'aime les chats.
Me gustan los gatos.

87 - 7

Pratiquez les premiers secours.
Practiquen los primeros auxilios.

88 - 1

Ça a l'air génial.
Suena muy bien.

88 - 2

J'en serais heureux.
Me encantaría.

88 - 3

Ne me parle pas.
No me hables.

88 - 4

Je me sens étourdi.
Me siento mareado.

88 - 5

Il n'est pas arrogant.
No es arrogante.

88 - 6

Est-ce que tu le détestes?
¿Lo odias?

88 - 7

Merci.
Gracias.

Niveau 15

89 - 1

Désolé pour ça.
Lo siento.

89 - 2

Bonne nuit.
Buenas noches.

89 - 3

Non, je ne préfère pas.
No, prefiero no hacerlo.

89 - 4

J'ai soif.
Tengo sed.

89 - 5

J'ai mal au dos.
Me duele la espalda.

89 - 6

Arrêtez de bavarder.
Deja de parlotear.

89 - 7

J'ai un nouveau travail.
Tengo un nuevo trabajo.

Niveau 15

90 - 1

Je suis très strict.
Soy muy estricto.

90 - 2

C'est affreux.
Es horrible.

90 - 3

Ne pas fumer.
No fume.

90 - 4

S'il vous plaît venez plus près.
Por favor, acérquese.

90 - 5

Tu es pâle.
Estás pálido.

90 - 6

Retrouvons-nous.
Volvamos a vernos.

90 - 7

Je vais essayer.
Probaré esto.

Niveau 16

91 - 1

Tu le penses?

¿Piensas así?

91 - 2

C'est génial.

Eso es genial.

91 - 3

Je suis si stressé.

Estoy muy estresado.

91 - 4

Aujourd'hui est un jour férié.

Hoy es un día de fiesta.

91 - 5

Si, tu peux.

Sí, tú puedes.

91 - 6

Mes chaussures sont sales.

Mis zapatos se han ensuciado.

91 - 7

Heureux de vous rencontrer.

Me alegro de conocerte.

Semaine 91

92 - 1

Ne fais pas de bruit.
No hagas ruido.

92 - 2

Je le sais.
Lo sé.

92 - 3

Au secours! Attaque de requin!
¡Ayuda! ¡Ataque de tiburón!

92 - 4

Fantastique.
Fantástico.

92 - 5

La maison est spacieuse.
La casa es espaciosa.

92 - 6

Je suis audacieux.
Soy audaz.

92 - 7

J'habite à Londres.
Vivo en Londres.

Niveau 16

93 - 1

J'aime les homards.
Me encantan las langostas.

93 - 2

Qu'est-ce que tu veux?
¿Qué quiere?

93 - 3

Une poignée de haricots.
Un puñado de judías.

93 - 4

Je suis contre.
Estoy en contra.

93 - 5

Bon après-midi.
Buenas tardes.

93 - 6

Mon dos me démange.
Me pica la espalda.

93 - 7

Quand est-ce que c'est?
¿Cuándo es?

Semaine 93

94 - 1

Vous voulez bien?
¿Te importa?

94 - 2

Le serveur est en panne.
El servidor no funciona.

94 - 3

Fais attention à ce que tu dis.
Cuidado con lo que dices.

94 - 4

Il a une voiture.
Tiene un coche.

94 - 5

Beau travail.
Buen trabajo.

94 - 6

C'était rien.
No es nada.

94 - 7

Buvez votre café.
Bébete el café.

95 - 1

Levez vos crayons.
Levanten sus lápices.

95 - 2

C'est mon ami.
Este es mi amigo.

95 - 3

Il a parlé fort.
Habló en voz alta.

95 - 4

Mon fils a eu six ans.
Mi hijo cumplió seis años.

95 - 5

Ma mère a soupiré.
Mi madre suspiró.

95 - 6

Et toi, alors?
¿Y tú?

95 - 7

Bon vol!
¡Que tengas un buen vuelo!

Niveau 16

96 - 1

S'il vous plaît, faites-le.
Por favor, hazlo.

96 - 2

Vous le méritez!
Te lo mereces.

96 - 3

C'était juste.
Eso estuvo cerca.

96 - 4

S'il vous plaît, sentez-vous libre.
Por favor, siéntase libre.

96 - 5

Ses notes ont augmenté.
Sus calificaciones subieron.

96 - 6

Prends note.
Toma nota.

96 - 7

Avez-vous un emploi?
¿Tienes trabajo?

Niveau 17

97 - 1

Qu'est-ce que c'est?
¿Qué es eso?

97 - 2

C'est mon camarade de classe.
Es mi compañero de clase.

97 - 3

Stop.
Para.

97 - 4

J'aime cuisiner.
Me encanta cocinar.

97 - 5

Lisez le paragraphe.
Lean el párrafo.

97 - 6

Ces chaussures me vont.
Estos zapatos me quedan bien.

97 - 7

Ajoute-t-il de la richesse?
¿Agrega riqueza?

Semaine 97

98 - 1

J'ai un sac noir.
Tengo una bolsa negra.

98 - 2

J'ai sommeil.
Me siento con sueño.

98 - 3

Je l'ai eu.
Lo tengo.

98 - 4

Un café s'il vous plaît.
Un café, por favor.

98 - 5

C'est en cours.
Trabajo en curso.

98 - 6

Désolé, je suis en retard.
Siento llegar tarde.

98 - 7

Est-ce qu'elle m'a demandé?
¿Me lo pidió?

Niveau 17

99 - 1

Le bain est prêt.
El baño está listo.

99 - 2

Je ne vous aime pas.
No me gusta usted.

99 - 3

Notez l'adresse.
Tome nota de la dirección.

99 - 4

Ne sois pas en retard.
No llegues tarde.

99 - 5

Je m'en vais.
Me iré.

99 - 6

Bye.
Adiós.

99 - 7

Qu'est-ce qu'il y a?
¿Qué es lo que pasa?

Semaine 99

Niveau 17

100 - 1

Pont pour piétons.
Puente peatonal.

100 - 2

Quelque chose à transmettre?
¿Algo que transmitir?

100 - 3

Très bien.
Muy bien.

100 - 4

Fais chauffer la poêle.
Calienta la sartén.

100 - 5

Je suis amical.
Soy amigable.

100 - 6

Vous avez tort.
Te equivocas.

100 - 7

Je suis impressionné.
Estoy impresionado.

Semaine 100

Niveau 17

101 - 1

Mon pied s'est engourdi.
Se me entumeció el pie.

101 - 2

Il est presque l'heure.
Es casi la hora.

101 - 3

J'aime manger.
Me encanta comer.

101 - 4

Il dépassait.
Se adelantó.

101 - 5

C'est délicieux.
Está delicioso.

101 - 6

Donne-leur.
Dáselo a ellos.

101 - 7

Excellent.
Excelente.

Semaine 101

Niveau 17

102 - 1

Voici mon frère.
Este es mi hermano.

102 - 2

Comment va tout le monde?
¿Cómo están todos?

102 - 3

Demandez-lui directement.
Pregúntale directamente.

102 - 4

Je n'arrive pas à respirer.
No puedo respirar.

102 - 5

Concentre-toi sur ton objectif.
Concéntrate en tu objetivo.

102 - 6

Accrochez-vous bien.
Agárrate fuerte.

102 - 7

Cette place est prise.
Este asiento está ocupado.

Niveau 18

103 - 1

Le repas est prêt.
La comida está lista.

103 - 2

Sa peau est lisse.
Su piel es suave.

103 - 3

Tu peux le faire!
¡Puedes hacerlo!

103 - 4

Voici le menu.
Aquí está el menú.

103 - 5

Quel est son nom?
¿Cómo se llama?

103 - 6

Le magasin est ouvert?
¿Está abierta la tienda?

103 - 7

Occupation maximale.
Ocupación máxima.

104 - 1

Les deux sont les mêmes.
Ambos son iguales.

104 - 2

Pas de problème.
No hay problema.

104 - 3

Hache l'ail.
Pica el ajo.

104 - 4

Je n'ai pas de problème.
No tengo ningún problema.

104 - 5

Je te demande pardon.
Te pido perdón.

104 - 6

Elle a une voiture.
Ella tiene un coche.

104 - 7

J'étais enfermé.
Me encerraron.

Niveau 18

105 - 1

Je peux m'asseoir ici?
¿Puedo sentarme aquí?

105 - 2

Je comprends.
Lo entiendo.

105 - 3

Alors, on y va?
Bueno, ¿nos vamos?

105 - 4

Je suis bien.
Estoy bien.

105 - 5

Ça ne m'intéresse pas.
No me interesa.

105 - 6

J'ai vu son album.
He visto su álbum.

105 - 7

Il est 6 heures du matin maintenant.
Son las 6 de la mañana.

Niveau 18

106 - 1

Je suis timide.
Me siento tímido.

106 - 2

Notre chat est un mâle.
Nuestro gato es un macho.

106 - 3

Je n'y arrive pas.
No lo entiendo.

106 - 4

Pas de stationnement.
Sin aparcar.

106 - 5

J'ai déménagé l'année dernière.
Me mudé el año pasado.

106 - 6

Ça sonne bien.
Suena bien.

106 - 7

Vous êtes prêt.
Está todo listo.

Semaine 106

107 - 1

Elle m'a lancé un regard noir.
Me miró con desprecio.

107 - 2

J'ai peur que non.
Me temo que no.

107 - 3

Il s'est brûlé la main.
Se quemó la mano.

107 - 4

Amenez-les ici.
Tráelos aquí.

107 - 5

Quelle déception.
Qué decepción.

107 - 6

Complétez le tableau.
Completa la tabla.

107 - 7

Que s'est-il passé?
¿Qué pasó?

108 - 1

Ralentissez.
Baja la velocidad.

108 - 2

Meilleures salutations.
Saludos cordiales.

108 - 3

Qui est le prochain?
¿Quién es el siguiente?

108 - 4

Je me sens fiévreux.
Me siento con fiebre.

108 - 5

C'est l'heure de partir.
Es hora de irse.

108 - 6

Oui, j'aimerais bien.
Sí, me encantaría.

108 - 7

Je ne peux pas l'éviter.
No puedo evitarlo.

109 - 1

Il fait chaud dehors.
Hace calor afuera.

109 - 2

Je ne peux pas t'aider.
No puedo ayudarte.

109 - 3

J'ai la grippe.
Tengo gripe.

109 - 4

Oh, mon Dieu. Vraiment?
Oh, Dios mío. ¿De verdad?

109 - 5

Je ne l'ai pas fait.
Yo no lo hice.

109 - 6

Laissez-vous aller.
Déjalo ir.

109 - 7

C'est très voyant.
Es muy llamativo.

110 - 1

Calme-toi.
Cálmate.

110 - 2

Avec plaisir.
Con mucho gusto.

110 - 3

Désolé de dire ça.
Siento decirlo.

110 - 4

Je ne sais pas lire une carte.
No puedo leer un mapa.

110 - 5

Ne recommence pas.
No lo vuelvas a hacer.

110 - 6

Dîner.
Cena.

110 - 7

Je viens des États-Unis.
Soy de Estados Unidos.

Niveau 19

111 - 1

Qu'est-ce qui ne va pas?

¿Qué pasa?

111 - 2

Vous saignez.

Estás sangrando.

111 - 3

Ne t'approche pas de lui!

¡No te acerques a él!

111 - 4

Est-ce que c'est vrai?

¿Es todo cierto?

111 - 5

Essayons plus fort.

Intentemos más.

111 - 6

Il va pleuvoir.

Va a llover.

111 - 7

S'il vous plaît, tenez bon.

Por favor, aguanta.

Semaine 111

112 - 1

Répétez après moi.
Repitan después de mí.

112 - 2

Cette route est cahoteuse.
Este camino está lleno de baches.

112 - 3

Bonjour.
Hola.

112 - 4

Je déteste les cigarettes.
Odio los cigarrillos.

112 - 5

A bientôt.
Nos vemos pronto.

112 - 6

Un sac de riz.
Un saco de arroz.

112 - 7

Je suis affamé.
Me muero de hambre.

113 - 1

Je peux avoir une fourchette?
¿Puedo tener un tenedor?

113 - 2

Tu as raison.
Tienes razón.

113 - 3

Comment s'est passée votre journée?
¿Cómo te ha ido el día?

113 - 4

J'aime l'été.
Me encanta el verano.

113 - 5

Comment je le sais?
¿Cómo lo sé?

113 - 6

La route est fermée.
La carretera está cerrada.

113 - 7

C'est encore lundi.
Es lunes otra vez.

114 - 1

C'est bon.
Está bien.

114 - 2

J'ai épluché une carotte.
He pelado una zanahoria.

114 - 3

Je suis une infirmière.
Soy una enfermera.

114 - 4

J'ai faim.
Me siento hambriento.

114 - 5

Pauvre toi.
Pobre de ti.

114 - 6

Vous plaisantez.
Estás bromeando.

114 - 7

Je vais payer par carte.
Pagaré con tarjeta.

115 - 1

C'est un homme bien.
Es un buen hombre.

115 - 2

Je suis vraiment désolé.
Lo siento mucho.

115 - 3

C'est une bonne personne.
Es una buena persona.

115 - 4

Oui, j'aimerais beaucoup.
Sí, me encantaría.

115 - 5

Ils parlent français.
Ellos hablan francés.

115 - 6

J'ai lu votre livre.
Leí tu libro.

115 - 7

Je fais la paperasse.
Yo hago el papeleo.

116 - 1

Quelle heure est-il?
¿Qué hora es?

116 - 2

C'est pour un cadeau.
Es para un regalo.

116 - 3

Elle est très jolie.
Es muy bonita.

116 - 4

Ça ne me dérangerait pas.
No me importaría.

116 - 5

Je vais l'acheter.
Lo compraré.

116 - 6

Je vais en bus.
Voy en autobús.

116 - 7

Il n'est pas en ville.
Está fuera de la ciudad.

Niveau 20

117 - 1

Belle journée, n'est-ce pas?

Bonito día, ¿no?

117 - 2

Elle est froide.

Ella es fría.

117 - 3

Vous aimez votre travail?

¿Le gusta su trabajo?

117 - 4

Tu es sûr de toi?

¿Qué tan seguro estás?

117 - 5

Il est comme vous le dites.

Es como usted dice.

117 - 6

Nous sommes des camarades de classe.

Somos compañeros de clase.

117 - 7

Attention à ta langue.

Cuidado con la lengua.

Semaine 117

Niveau 20

118 - 1

A la prochaine fois.
Hasta la próxima.

118 - 2

Je suis désolé.
Lo siento mucho.

118 - 3

Désolé pour ma faute.
Lo siento por mi culpa.

118 - 4

Je regarde rarement la télévision.
Rara vez veo la televisión.

118 - 5

C'est bon.
Está bien.

118 - 6

C'est trop tard maintenant.
Ya es demasiado tarde.

118 - 7

C'est la dernière étape.
El último paso es.

Niveau 20

119 - 1

Elle a laissé un message.
Dejó un mensaje.

119 - 2

J'en doute.
Lo dudo.

119 - 3

Il pleut.
Está lloviendo.

119 - 4

Bonjour! Entrez donc!
¡Hola! ¡Entra!

119 - 5

C'est un homme méchant.
Es un hombre desagradable.

119 - 6

Je t'aime vraiment bien.
Me gustas mucho.

119 - 7

C'est vraiment dommage.
Es una gran pena.

Semaine 119

Niveau 20

120 - 1

Un rouleau de tissu.
Un rollo de pañuelos.

120 - 2

Ne mentez pas.
No mientas.

120 - 3

Merci beaucoup.
Muchas gracias.

120 - 4

C'est un homme rusé.
Es un hombre astuto.

120 - 5

Est-ce qu'il me bat?
¿Me golpea?

120 - 6

Ecoute-moi bien.
Escúchame.

120 - 7

Le patron arrive.
El jefe está llegando.

Niveau 21

121 - 1

Elle aime danser.
Le encanta bailar.

121 - 2

Allez-y.
Adelante.

121 - 3

Il est à la maison?
¿Está en casa?

121 - 4

Merci beaucoup!
¡Muchas gracias!

121 - 5

Il a mon numéro.
Tiene mi número.

121 - 6

L'addition, s'il vous plaît.
La cuenta, por favor.

121 - 7

Est-ce qu'elle vous appelle?
¿Te está llamando?

122 - 1

Je t'aime bien.
Me gustas.

122 - 2

J'ai un scooter.
Tengo un scooter.

122 - 3

Je suis au chômage.
Estoy desempleado.

122 - 4

On a chanté fort.
Cantamos a gritos.

122 - 5

Je veux de nouvelles chaussures.
Quiero zapatos nuevos.

122 - 6

J'ai des aphtes.
Tengo llagas en la boca.

122 - 7

Je tiens ma promesse.
Cumplo mi promesa.

Semaine 122

Niveau 21

123 - 1

J'aime les raisins.
Me gustan las uvas.

123 - 2

Voici la facture.
Aquí está la factura.

123 - 3

Arrêtez de vous battre.
Deja de pelear.

123 - 4

Vous devez être fatiguée.
Debes estar cansada.

123 - 5

Pas question.
Ni hablar.

123 - 6

Il étudie maintenant.
Ahora está estudiando.

123 - 7

Julia est ma soeur.
Julia es mi hermana.

124 - 1

Les roses sentent bon.
Las rosas huelen dulce.

124 - 2

Comment est le film?
¿Cómo es la película?

124 - 3

Il s'est peigné les cheveux.
Se peinó.

124 - 4

Enfin, vous.
Por último, tú.

124 - 5

Faisons une pause.
Tomemos un descanso.

124 - 6

Une table pour deux?
¿Una mesa para dos?

124 - 7

Rentrons à la maison.
Vamos a casa.

125 - 1

C'est mon patron.
Este es mi jefe.

125 - 2

Maintenant, je dois y aller.
Ahora tengo que irme.

125 - 3

Ma chambre est petite.
Mi habitación es pequeña.

125 - 4

J'ai mal au ventre.
Me duele el tacto.

125 - 5

Oubliez ça.
Olvídalo.

125 - 6

Voici mon professeur.
Este es mi profesor.

125 - 7

Est-ce que tu comprends?
¿Entiendes?

Niveau 21

126 - 1

Oui, s'il vous plaît.
Sí, por favor.

126 - 2

Reste tranquille.
Tómatelo con calma.

126 - 3

La violence est mauvaise.
La violencia está mal.

126 - 4

C'est ma soeur.
Esta es mi hermana.

126 - 5

Il n'est pas sur ses gardes.
Está con la guardia baja.

126 - 6

Je me suis blessé le pouce.
Me he lesionado el pulgar.

126 - 7

Les magasins sont ouverts?
¿Están abiertas las tiendas?

Semaine 126

Niveau 22

127 - 1

Je suis désolé, je suis en retard.
Siento llegar tarde.

127 - 2

Suivant, toi.
Siguiente, tú.

127 - 3

Les garçons, soyez ambitieux.
Muchachos, sean ambiciosos.

127 - 4

Sincèrement, merci.
Sinceramente, gracias.

127 - 5

La viande est cuite.
La carne está cocida.

127 - 6

Qu'est-ce qu'il est?
¿Qué es?

127 - 7

Elle joue dans le film.
Ella está en la película.

Semaine 127

128 - 1

A-t-elle fait appel?
¿Intentó?

128 - 2

Je suis un professeur.
Soy profesor.

128 - 3

Est-ce qu'il court?
¿Está corriendo?

128 - 4

Ne le mentionne pas.
No lo menciones.

128 - 5

Bonsoir.
Buenas noches.

128 - 6

S'il vous plaît, levez-vous.
Por favor, póngase de pie.

128 - 7

Vous êtes embauché.
Estás contratado.

Niveau 22

129 - 1

Déjeunez.
Almuerza.

129 - 2

C'est ensoleillé.
Hace sol.

129 - 3

Où est la banque?
¿Dónde está el banco?

129 - 4

Comment ça marche?
¿Cómo funciona?

129 - 5

Veuillez signer ici.
Por favor, firme aquí.

129 - 6

Vous êtes viré.
Estás despedido.

129 - 7

Nous sommes le 16 juin.
Es 16 de junio.

Semaine 129

130 - 1

Je me sens puissant.
Me siento poderoso.

130 - 2

C'est très loin.
Está muy lejos.

130 - 3

Un oiseau vole.
Un pájaro está volando.

130 - 4

Je dois y aller maintenant.
Tengo que ir ahora.

130 - 5

Vous pouvez rentrer chez vous.
Puedes irte a casa.

130 - 6

Un brin de persil.
Una ramita de perejil.

130 - 7

Il y a une bombe!
¡Hay una bomba!

Niveau 22

131 - 1

Ce travail est difficile.

Este trabajo es duro.

131 - 2

Rien d'autre?

¿Algo más?

131 - 3

J'aime ce sac.

Me gusta este bolso.

131 - 4

J'ai été attaqué.

Me han atacado.

131 - 5

Réveillez-le.

Despiértalo.

131 - 6

Qu'est-ce qu'il y a?

¿Qué pasa?

131 - 7

Rendez-le en toute sécurité.

Devuélvanlo con seguridad.

132 - 1

Il est bien.
Está bien.

132 - 2

Pas de saut.
No hay que saltar.

132 - 3

Ça a l'air bien.
Eso suena bien.

132 - 4

Résolvez l'équation.
Resuelve la ecuación.

132 - 5

Je ne voulais pas le faire.
No quería hacerlo.

132 - 6

Il court vite.
Corre rápido.

132 - 7

Je peux voir le menu?
¿Puedo ver el menú?

Niveau 23

133 - 1

C'est trop serré.
Está demasiado apretado.

133 - 2

Arrêtez-vous ici au rouge.
Para aquí en rojo.

133 - 3

C'est combien?
¿Cuánto cuesta esto?

133 - 4

Moi aussi.
Yo también.

133 - 5

Qu'est-ce que tu fais?
¿Qué haces?

133 - 6

Ma montre est lente.
Mi reloj es lento.

133 - 7

Je suis tellement à fond sur toi.
Estoy tan interesada en ti.

Semaine 133

Niveau 23

134 - 1

Et alors?
¿Y qué?

134 - 2

Sèche bien tes cheveux.
Sécate bien el pelo.

134 - 3

Quel jour on est?
¿Qué día es?

134 - 4

Suivez les panneaux.
Sigue las señales.

134 - 5

C'est un bon poète.
Es un buen poeta.

134 - 6

Je peux vous aider?
¿Puedo ayudarte?

134 - 7

C'est combien?
¿Cuánto cuesta?

Niveau 23

135 - 1

Je ne suis pas d'accord.
No estoy de acuerdo.

135 - 2

Ne saute pas de repas.
No te saltes las comidas.

135 - 3

Ce serait bien.
Eso estaría bien.

135 - 4

Non, ça ne me dérange pas.
No, no me importa.

135 - 5

J'ai payé ma taxe sur les voitures.
Pagué el impuesto del coche.

135 - 6

J'ai été agressé(e).
Me han asaltado.

135 - 7

Sa voix est douce.
Su voz es suave.

Niveau 23

136 - 1

Ce n'est rien.
No es nada.

136 - 2

C'est votre décision.
Es tu decisión.

136 - 3

Je peux essayer ça?
¿Puedo probarme esto?

136 - 4

Il s'aime.
Se quiere a sí mismo.

136 - 5

C'est une blague?
¿Estás bromeando?

136 - 6

Ne t'approche pas de moi.
No te acerques a mí.

136 - 7

J'ai une idée.
Tengo una idea.

Semaine 136

137 - 1

Il a tourné la page.
Pasó la página.

137 - 2

Je me sens fatiguée.
Me siento cansado.

137 - 3

Absolument.
Absolutamente.

137 - 4

Commandons d'abord.
Ordenemos primero.

137 - 5

Tu es marié?
¿Estás casado?

137 - 6

Vous ne devez pas.
No debes.

137 - 7

Je peux voyager?
¿Puedo viajar?

Niveau 23

138 - 1

C'est mon voisin.
Es mi vecino.

138 - 2

Est-ce que c'est bio?
¿Es orgánico?

138 - 3

Je suis un peu fatigué.
Estoy un poco cansado.

138 - 4

Il déteste le mal.
Odia el mal.

138 - 5

Quoi de neuf?
¿Qué hay de nuevo?

138 - 6

C'est direct?
¿Es directo?

138 - 7

Je vais vérifier.
Voy a comprobarlo.

Semaine 138

139 - 1

Comment est-il arrivé?
¿Cómo ha venido?

139 - 2

A plus tard.
Nos vemos.

139 - 3

Je suis perdue.
Estoy perdido.

139 - 4

Reste cool.
Mantén la calma.

139 - 5

Brillante idée!
¡Una idea brillante!

139 - 6

Passez une bonne journée!
¡Que tengas un buen día!

139 - 7

Qui êtes-vous?
¿Quién es usted?

140 - 1

J'ai sommeil.
Tengo sueño.

140 - 2

Je suis en vacances.
Estoy de vacaciones.

140 - 3

Qui parle?
¿Quién habla?

140 - 4

Rejoins-moi demain.
Nos vemos mañana.

140 - 5

J'ai de la fièvre.
Tengo fiebre.

140 - 6

Mon appareil photo s'est cassé.
Mi cámara se rompió.

140 - 7

Il est encore jeune.
Todavía es joven.

Niveau 24

141 - 1

Mon nez me gratte.
Me pica la nariz.

141 - 2

Rien de grave.
No es gran cosa.

141 - 3

J'ai été kidnappé.
Me secuestraron.

141 - 4

Qu'est-ce qui se passe?
¿Qué está pasando?

141 - 5

Je suis positif.
Soy positivo.

141 - 6

Je vois.
Ya veo.

141 - 7

Il est venu en voiture.
Ha venido en coche.

Semaine 141

142 - 1

Bien sûr. Je viendrai.
Claro. Iré.

142 - 2

C'est chaud.
Hace calor.

142 - 3

Ne dérangez pas.
No moleste.

142 - 4

Tu reviens?
¿Vienes otra vez?

142 - 5

Tout le monde a des défauts.
Todo el mundo tiene defectos.

142 - 6

J'ai attendu deux jours.
Esperé dos días.

142 - 7

Ça sent bon.
Huele bien.

143 - 1

Oui. C'est moi.
Sí. Lo he hecho.

143 - 2

Elle est féminine.
Es femenina.

143 - 3

Qu'est-ce qui se passe?
¿Qué está pasando?

143 - 4

Plutôt bien.
Bastante bien.

143 - 5

C'est ton tour.
El siguiente es tu turno.

143 - 6

Il est intelligent.
Es inteligente.

143 - 7

Tu m'as appelé?
¿Me has llamado?

Niveau 24

144 - 1

C'est ma maison.
Esta es mi casa.

144 - 2

C'est ma femme.
Ella es mi esposa.

144 - 3

Je te crois.
Te creo.

144 - 4

Meilleurs voeux.
Los mejores deseos.

144 - 5

Qu'est-ce que tu vois?
¿Qué ves?

144 - 6

3 est un nombre impair.
3 es un número impar.

144 - 7

S'il vous plaît, arrêtez de plaisanter.
Por favor, deje de bromear.

145 - 1

Éteignez le feu.
Apaguen el fuego.

145 - 2

Amusez-vous bien.
Pásalo bien.

145 - 3

Je suis nerveuse.
Estoy nerviosa.

145 - 4

Ne mange pas trop.
No comas demasiado.

145 - 5

C'est une nuisance.
Eso es una molestia.

145 - 6

Je suis Marie.
Soy María.

145 - 7

C'est ta faute.
Es tu error.

146 - 1

C'est merveilleux.
Es maravilloso.

146 - 2

Venez s'il vous plaît.
Por favor, venga.

146 - 3

Tout ce que tu veux.
Lo que quieras.

146 - 4

C'est très bon marché.
Es muy barato.

146 - 5

Je m'excuse.
Me disculpo por.

146 - 6

Quel âge a-t-il?
¿Qué edad tiene?

146 - 7

Merci.
Gracias.

Niveau 25

147 - 1

C'est votre soeur?
¿Es tu hermana?

147 - 2

Elle a été très courageuse.
Es muy valiente.

147 - 3

Je me déplace en scooter.
Voy en scooter.

147 - 4

Ils sont engagés.
Están comprometidos.

147 - 5

Je déteste les carottes.
Odio las zanahorias.

147 - 6

Voici ma carte d'identité.
Aquí está mi identificación.

147 - 7

J'ai lu le Times.
Leo el Times.

Semaine 147

Niveau 25

148 - 1

J'ai un mal de tête.
Me duele la cabeza.

148 - 2

Bien joué.
Bien hecho.

148 - 3

Qui vous l'a dit?
¿Quién te lo ha dicho?

148 - 4

Qu'est-ce que tu as fait?
¿Qué ha hecho?

148 - 5

Que vas-tu faire?
¿Qué va a hacer?

148 - 6

J'ai refroidi la bière.
Enfrié la cerveza.

148 - 7

Son visage est pâle.
Su cara es pálida.

Semaine 148

149 - 1

C'est un bon cuisinier.
Es un buen cocinero.

149 - 2

C'est chaud.
Hace calor.

149 - 3

Faites comme vous voulez.
Haga lo que quiera.

149 - 4

Il est venu ici.
Ha venido aquí.

149 - 5

Comment ça va?
¿Cómo están las cosas?

149 - 6

Vous pouvez essayer.
Puedes probarlo.

149 - 7

Elle est avec moi.
Está conmigo.

Niveau 25

150 - 1

Elle l'a dit.
Ella lo dijo.

150 - 2

Commençons.
Comencemos.

150 - 3

Salut.
Hola.

150 - 4

Je ne sais pas. Je suis désolé.
No puedo. Lo siento.

150 - 5

Votre sac est léger.
Tu bolsa es ligera.

150 - 6

Certainement.
Ciertamente.

150 - 7

S'il te plaît, dépêche-toi!
Por favor, date prisa.

Semaine 150

Niveau 26

151 - 1

Reste avec moi.
Quédate conmigo.

151 - 2

C'est un type bien.
Es un buen tipo.

151 - 3

Cette boîte est lourde.
Esta caja es pesada.

151 - 4

J'ai passé un bon moment.
Me lo he pasado muy bien.

151 - 5

Je me sens nauséeux.
Siento náuseas.

151 - 6

Oui, j'en ai un.
Sí, tengo uno.

151 - 7

John, voici Mary.
John, esta es Mary.

Semaine 151

152 - 1

Je n'ai pas le temps.
No tengo tiempo.

152 - 2

Comment va ta soeur?
¿Cómo está tu hermana?

152 - 3

Vous êtes réveillé?
¿Estás despierto?

152 - 4

Je suis désolé.
Lo siento.

152 - 5

Juste un moment.
Un momento.

152 - 6

C'est trop mauvais.
Qué pena.

152 - 7

Bien.
Bien.

Semaine 152

153 - 1

J'ai faim.
Tengo hambre.

153 - 2

Content de vous voir.
Me alegro de verte.

153 - 3

Regardez autour de vous.
Mira a tu alrededor.

153 - 4

Je suis prêt.
Estoy listo.

153 - 5

J'ai vendu de vieux livres.
Vendí libros viejos.

153 - 6

J'ai nourri le chien.
Alimenté al perro.

153 - 7

Pas de chance.
Una pena.

Semaine 153

Niveau 26

154 - 1

Comment allez-vous?
¿Cómo has estado?

154 - 2

Qu'est-ce que je dois faire?
¿Qué debo hacer?

154 - 3

Je peux utiliser le gymnase?
¿Puedo usar el gimnasio?

154 - 4

Il croit en Dieu.
Cree en Dios.

154 - 5

Allez-y!
¡Adelante!

154 - 6

Ne pas paniquer.
No te asustes.

154 - 7

Je me sens triste aujourd'hui.
Hoy me siento triste.

Semaine 154

Niveau 26

155 - 1

Ne pas ouvrir.
No abra.

155 - 2

Je paye en espèces.
Pagaré en efectivo.

155 - 3

Comment puis-je vous aider?
¿Cómo puedo ayudarle?

155 - 4

Avant de commencer.
Antes de empezar.

155 - 5

C'est froid.
Hace frío.

155 - 6

Il a vendu la maison.
Vendió la casa.

155 - 7

Mangez lentement.
Come despacio.

Niveau 26

156 - 1

Il a des dettes.
Está en deuda.

156 - 2

J'ai trente ans.
Tengo treinta años.

156 - 3

Je déteste les oignons.
Odio las cebollas.

156 - 4

Nous avons faim.
Tenemos hambre.

156 - 5

Exactement.
Exactamente.

156 - 6

Votre nom, s'il vous plaît?
¿Su nombre, por favor?

156 - 7

C'est bon.
Está bien.

Semaine 156

Printed in France by Amazon
Brétigny-sur-Orge, FR

13852359R00090